LES

GRANDES QUESTIONS SOCIALES ET POLITIQUES

ERNEST BOSC

CRISE FINANCIÈRE

MOYENS PRATIQUES DE LA CONJURER

BRUXELLES

OFFICE DE PUBLICITÉ

46, Rue de la Madeleine

PARIS **GENÈVE**

J. CHERBULIEZ F. RICHARD

33, Rue de Seine 56, Rue du Rhône

1871

GENÈVE. — IMPRIMERIE RAMBOZ ET SCHUCHARDT.

AU LECTEUR

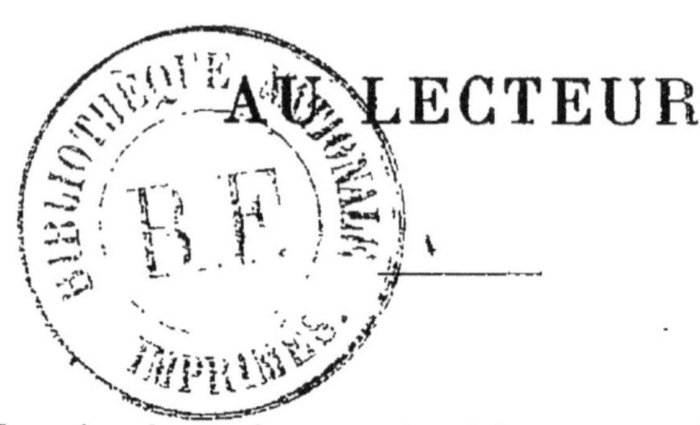

Si depuis vingt-cinq ans tout homme qui tient une plume s'en était servi uniquement pour instruire et moraliser le peuple, pour défendre ses droits et sa liberté, non-seulement nous n'en serions pas arrivés où nous sommes, mais encore la prospérité de la France serait telle qu'elle éclairerait le monde entier. Et chaque nation qui, aujourd'hui, n'a pour elle que de la pitié, viendrait se réchauffer aux rayons bienfaisants de sa civilisation.

Malheureusement, dans notre pauvre pays, à part de trop rares exceptions, la presse est entre les mains des intrigants et des fourbes qui n'y voient qu'un moyen de faire une rapide fortune ou de satisfaire leurs mesquines ambitions.

A qui la faute, si tous les écrits obscènes, toutes les feuilles absurdes et malsaines réussissent, prospèrent, et si les journaux agricoles ou d'économie sociale et politique ont tant de peine à se soutenir, si les revues scientifiques et artistiques ne peuvent marcher qu'avec de grands sacrifices.

Aux mauvais gouvernants, qui préfèrent laisser s'abâtardir et s'idiotiser l'esprit d'une nation, afin de pouvoir la conduire plus aisément, la dominer et la maîtriser.

A la faiblesse de nos institutions créées par ces gouvernants.

Au manque d'instruction surtout.

A notre mauvaise éducation politique et sociale.

A notre trop grande prospérité factice qui fait qu'on n'aime point assez le travail; et dès lors, il est moins pénible de lire un journal badin ou gaulois, un article aboyeur et vide de sens, qu'une page de science, de morale ou d'économie politique. On peut donc voir par là, que la faute est à tout le monde.

Or, ami lecteur, vous faites parti de tout le monde, commencez donc vous le premier à prendre dès aujourd'hui la résolution de ne plus lire que des écrits sains, n'ayant qu'un but, celui de moraliser et d'instruire. Méfiez-vous des grands parleurs et des faiseurs de beaux discours; méfiez-vous encore davantage de ceux qui vous parlent des sueurs du peuple, qu'ils louent et qu'ils flattent pour s'en servir de marche-pied afin d'arriver aux honneurs et l'abandonner ensuite, dès qu'ils n'ont plus besoin de lui.

Dans ces derniers temps les écrivassiers ambitieux ont beaucoup abusé dans leurs élucubrations de ce mot: le Peuple Souverain. Or, nous trouvons que le peuple n'a montré jusqu'ici sa souveraineté que par un désir immodéré, une soif ardente, un amour insensé des louanges que lui prodiguaient à l'envi ses courtisans. Ces derniers étaient-ils arrivés à leur but qu'ils se moquaient de lui. Leurs belles promesses s'évanouissaient comme fumée légère, et ce qu'on est convenu d'appeler à tort le peuple (puisque nous en sommes tous) était la classe la plus malheureuse, parce que ses panégyristes ne faisaient rien pour elle que lui fausser le jugement.

Il est cependant évident pour tout le monde que cette classe laborieuse est la plus intéressante et la meilleure.

Elle est bonne lorsque le travail la moralise; sans lui elle devient mauvaise, elle se démoralise. C'est ce qui explique sa mobilité et sa versatilité, sa bonté et sa crédulité, sa naïveté pourrions-nous dire. Ne sachant à quel saint se vouer, elle croit tout ce qu'on lui dit, elle a confiance à tout le monde, mais elle se méfie des *aristocrates*, c'est-à-dire de ceux qui possèdent. Ce sont les seuls qui lui sont utiles, indispensables, puisqu'ils lui fournissent son bien-être quotidien. Si ces mêmes écrivains avaient montré à l'ouvrier, à l'artisan, à cette classe laborieuse, les moyens d'acquérir un pécule, un petit bien, une maisonnette, à devenir propriétaire, aristocrate à son tour, ils lui auraient été bien plus utiles.

Mais la tâche était lourde et difficile, longue surtout; et tels *démophiles* que nous pourrions citer, n'auraient pas été tirés de sitôt de l'exil et de la prison, qu'ils méritaient au moins moralement, pour être placés à la tête de notre pays.

Il faut donc faire cesser au plus tôt cet état de choses; il faut que les honnêtes gens se liguent contre les écrivains malsains qui troublent l'équilibre d'une nation pour s'enrichir; il faut que la race des pamphlétaires, faux amis du peuple, disparaisse de même que la détestable race d'agents secrets; il faut voir clair dans notre position, sans quoi nous sommes une nation perdue.

Ainsi donc, lecteurs intelligents, c'est à vous à qui il incombe la difficile tâche du choix des bons et des mauvais écrits, empêchez la vente des uns et propagez les autres, employez toute votre influence pour accomplir cette noble tâche.

Vous encouragerez ainsi les honnêtes écrivains, vous découragerez les mauvais. Ce n'est qu'alors que la liberté de la presse pourra exister sans danger. Qu'on la maintienne plus que jamais, le dévergondage littéraire qui a lieu est nécessaire pour le bien de la thèse que nous soutenons, si vous secondez le bien et si par votre mépris vous tuez le mal, le grand résultat sera obtenu. Vous pourrez fonder la vraie liberté.

En agissant ainsi, vous ne ferez que votre devoir.

Quant aux écrivains honnêtes, mettons-nous tous à l'œuvre et n'ayons qu'un but fixe et immuable: celui d'être utile à notre pays dans la mesure de nos forces; car nous considérons comme coupable, dans un pareil moment, tout homme qui, pouvant agir dans l'intérêt général, reste égoïstement et uniquement occupé de ses affaires personnelles. Le moyen d'être bientôt riches et heureux, c'est de tout quitter pour remettre la France dans la bonne voie; car rappelons-nous et ayons toujours présent à l'esprit que la Prusse cherchera de plus en plus à nous dévoyer.

Si toutes les âmes honnêtes, qui ont vraiment à cœur le

bonheur de notre patrie, travaillent de même, nous finirons par sortir de cette anarchie, nous verrons bientôt notre France riche, heureuse et prospère. Nous montrerons ainsi à tous les peuples que la force peut primer le droit pour quelques instants ; mais que les nations civilisées quoique battues sont bien supérieures aux barbares, obligés eux à leur tour de subir éternellement le joug des arts, des sciences et de l'industrie.

On pourra voir alors et d'une manière évidente l'infériorité de la force, sur la justice et sur l'intelligence.

Les nations amies détestant la guerre, seule utile aux rois, s'uniront dans un étroit embrassement pour une ère de paix perpétuelle.

Ami lecteur, si nous avons pu hâter de quelques heures l'arrivée de cet âge d'or, nous serons heureux et satisfaits ; car la paix est le premier et le plus grand des biens, le Christ ne l'a-t-il pas montré quand il la désirait pour tous les hommes et qu'en les abordant il disait à tous : QUE LA PAIX SOIT AVEC VOUS.

E. B.

Lausanne, 10ᵉ mai 1871.

CRISE FINANCIÈRE

MOYENS PRATIQUES DE LA CONJURER

Après les désastreuses calamités qui viennent de frapper la France, la première question qui se présente à l'esprit, c'est le moyen de paralyser et de conjurer en partie la crise financière.

Est-ce possible ?

Nous répondons affirmativement. Seulement les moyens sont très-variés ; nous les indiquerons successivement. Mais il est indispensable de jeter auparavant un coup d'œil sur le passé de la France, sur son organisation, son administration et sur son avenir ; c'est la seule manière de pouvoir reconnaître les moyens pratiques qui doivent résoudre les difficiles problèmes que nous nous proposons d'analyser dans cette courte étude.

Pour opérer avec ordre, il faut établir un classement et avoir un programme très-arrêté. Nous allons le résumer le plus succinctement possible.

LE PASSÉ.

L'empire. — Ses paroles et ses actes. — Les vraies causes de nos défaites. — Le 4 septembre, le 31 octobre, le 18 mars.

LE PRÉSENT.

La Commune de Paris, la Chambre de Versailles.

L'AVENIR.

Crise financière imminente, moyens pratiques de réparer nos désastres.

LE PASSÉ

Sur ce chapitre, nous serons très-bref. Chacun connaît à peu près bien les faits et gestes de l'homme de Sedan. Et s'il est facile de jeter la pierre même à un bon gouvernement déchu; s'il a été très-mauvais, on n'a aucun mérite à le faire.

Nous nous bornerons donc purement et simplement à relater les paroles et les actes du second empire.

En arrivant au pouvoir, le petit Napoléon ne cesse de promettre. Il doit rétablir l'ordre, la morale, la religion, favoriser le commerce, l'agriculture, l'industrie, enfin toutes les grandes institutions; il n'oubliera pas surtout les arts.

Il promet de répandre largement l'instruction dans les campagnes, et d'accorder à la presse les justes libertés qu'elle revendique; seulement, après le coup d'État, le moment n'était pas encore venu; nous n'étions pas assez mûrs pour notre émancipation. Vingt ans après, nous n'étions guère plus avancés.

Enfin, le régime impérial doit faire de la France le pays le plus riche, le plus civilisé, le plus prospère!

Voilà pour les paroles; passons aux actes.

Le petit Napoléon de Sedan a toujours offert à Paris des ébauches d'émeutes, qu'il était bien sûr d'étouffer, puisqu'il les faisait germer lui-même; c'était sa manière d'entretenir l'ordre, *similia similibus*. En fait de morale et de religion, il a constamment joué la comédie; il ne s'est servi du pape et du prêtre que comme d'un instrument pour se faire proclamer empereur et régner paisiblement.

Nos lecteurs savent aussi bien que nous dans quelles mesures le commerce a été favorisé ; plusieurs branches ont été complétement ruinées.

Quant à l'agriculture, la grande, la fameuse enquête agricole a toujours été mal conduite, si jamais elle a pu être terminée.

Les concours régionaux n'étaient que de grosses caisses, un prétexte à discours élogieux pour le plus grand prince de la terre, et inventés pour faire supposer au pays qu'il était heureux, puisqu'il était en fête.

L'exposition universelle n'a été qu'un grand bazar, dans lequel le mérite n'a été récompensé qu'en seconde ligne, quand il n'a pas été entièrement oublié et laissé de côté. Beaucoup d'industriels s'y sont ruinés ; mais, en revanche, les actionnaires, tous de l'entourage impérial, ont su en faire une excellente spéculation et s'enrichir au milieu des ruines.

Quant aux arts, il y a eu un grand prix décerné en 1869 précisément à celui des arts le plus en retard, à l'architecture, et certes un monument type de l'architecture au XIXme siècle l'eût mieux mérité que celui qui l'a obtenu.

Pour les expositions annuelles, les recettes du salon étaient soigneusement encaissées et passaient on ne sait où. On donnait quelques commandes de tableaux, on en achetait quelques-uns, toujours en pratiquant le népotisme, et le budget des beaux-arts était si minime que, dans les ventes publiques de quelque importance, les chefs-d'œuvre de nos artistes, anciens et modernes, passaient dans les mains des étrangers.

Si l'on signalait au vice-roi du Louvre, au surintendant des beaux-arts, une acquisition à faire, il vous faisait répondre, invariablement et à n'importe quelle époque : Le chiffre du buget de cette année étant épuisé, nous ne pouvons, à notre grand regret, profiter de l'occasion dont vous nous faites part.

Le surintendant préférait se laisser voler en Espagne.

Nous arrivons enfin à la définition la plus caractéristique du régime déchu.

Qu'est-ce que l'empire?

L'empire, c'est la paix ! ! !

C'est pourquoi nous avons fait la guerre en Europe, en Asie, en Afrique et en Amérique, c'est-à-dire sur tous les points de notre globe où nous pouvions la faire.

Cette manière d'opérer, peu faite pour améliorer nos finances, ne nous a pas même rapporté de la gloire, mais, en revanche, beaucoup d'inimitiés chez tous les peuples. Aussi se sont-ils empressés de ne point nous secourir dans la plus malheureuse et la plus triste des campagnes.

A ce propos, nous dirons qu'il est vraiment inconcevable que chacun ait voulu faire servir à sa cause nos défaites et nos malheurs, et que bien peu d'esprits en France soient assez sérieux pour penser franchement et oser dire ouvertement ce qui a occasionné notre perte.

Les uns y voient le *doigt de Dieu ;* les autres, la trahison de nos chefs ; ceux-ci leur mollesse, ceux-là leur incapacité. Et, certes, il y a un peu de tout cela ; mais il ne faut pas croire que ce soit uniquement une de ces causes qui ait produit un si grand effet.

Pour nous, qui examinons le fond de la question sans parti pris, nous trouvons que les motifs sont nombreux et multiples, mais qu'ils reposent principalement sur notre mauvaise organisation politique et sociale, sur l'état avancé de notre décomposition morale dans lequel nous nous trouvons, après dix-huit années du despotisme le plus arbitraire, le plus absolu.

Ce qui encore a causé notre perte, c'est notre force militaire moindre, numériquement parlant; la tactique surannée de nos officiers généraux, et l'artillerie allemande supérieure à la nôtre. Elle nous atteignait de beaucoup plus loin. Nous nous battions absolument comme des sauvages; nous employions la flèche et le javelot contre des ennemis qui avaient le Dreyse et le Chassepot.

Ce qui nous a encore irrévocablement perdu, c'est que le gouvernement de la défense nationale n'avait pas foi dans son œuvre; il n'a jamais eu d'espérance dans le succès final.

Voilà donc les vraies causes de notre infériorité; on peut les diviser en deux sections :

La première, notre faiblesse intellectuelle et morale.

La seconde, notre faiblesse matérielle.

Notre faiblesse intellectuelle et morale est bien et dûment constatée par l'ignorance des masses, auxquelles les plus simples éléments d'instruction font complétement défaut. Par suite de ce vice dans notre organisation, non-seulement le paysan n'a pas opposé de la résistance à notre ennemi, mais, dans beaucoup de cas, il lui est venu en aide, sous l'empire d'une peur stupide. Il aurait dû sacrifier un bras pour sauver le corps, au lieu de se laisser égorger. Il aurait dû tout brûler et tout détruire, s'il ne se sentait pas la force et le courage de résister.

Le développement considérable du bien-être, la vie luxueuse et la jouissance des plaisirs ont donné une lâcheté si grande à l'homme qu'il n'a pas craint de sacrifier l'honneur de son pays pour sauver sa vie et sa fortune.

De cet avilissement général, il est résulté un abaissement dans le caractère et un manque de dignité morale tellement grands qu'il nous a été impossible de nous recueillir et de nous reconnaître après nos premières défaites.

Pour ce qui est de notre faiblesse matérielle, il ne faudra pas de grandes démonstrations pour constater un fait aussi évident.

Nous n'avions que trois ou quatre cent mille hommes sous les armes, alors que nos ennemis en avaient trois fois plus. Nous avions une armée indisciplinée, après la perte de nos troupes régulières ; nos ennemis avaient la leur d'une obéissance passive, tellement poussée à l'excès que c'était une vraie machine entre les mains de ses chefs.

Notre administration militaire était on ne peut plus défectueuse ; celle de nos ennemis fonctionnait admirablement.

Nos généraux n'avaient aucun plan, pas même un programme. Ils ne pouvaient en avoir. En auraient-ils eu un, qu'il n'était pas en leur puissance d'en assurer l'application. En effet, étant les plus faibles, ils subissaient les conditions que leur imposaient des forces supérieures.

Nos ennemis, au contraire, avaient depuis longtemps un plan arrêté, étudié, publié, que chaque officier allemand savait par cœur. Ce plan était mûrement réfléchi, susceptible de modifications, de changements, suivant les circonstances. Rien n'était laissé à l'imprévu. En un mot, ils faisaient la guerre mathématiquement, alors que nous opérions comme des fous. Ils jouaient une terrible partie d'échecs, où ils devaient faire mat au roi. Ils l'ont maté à Sedan, le hideux conspirateur de Boulogne, de Strasbourg et de Paris.

Après cette immense catastrophe, si la Prusse, capable d'un soupçon de générosité, n'avait pas eu l'intention formelle de ruiner, d'achever la France, elle aurait dû accorder la paix avec des conditions acceptables. Mais la rage tudesque se montra alors dans tout son jour : elle n'en voulait plus aux Bonaparte, mais bien à la nation française ; sa soif dévorante ne connut plus de bornes, et ce sera une honte éternelle pour von Bismarck et son fétiche Guillaume, d'avoir continué une guerre aussi inhumaine.

La France, dans sa douleur, outrée d'indignation par la lâcheté de Sedan, proclama la déchéance de l'empire, et c'était justice. Le gouvernement du 4 septembre fut proclamé. Un coup d'État, honnête cette fois, avait eu lieu. Il fut légitimé par l'acclamation tout entière du pays et par un vote ultérieur.

L'empire était mort, bien mort, et pour toujours.

Nous voici à l'avénement du gouvernement de la défense nationale. Quelle terrible position lui est faite par les événements passés et présents ! Par suite du gaspillage de nos finances sous l'empire, une crise financière est imminente, et, grâce à l'anarchie qui règne, on ne pourra jamais savoir ce que nous a coûté l'ère impériale.

Nos désastres militaires sont tels, qu'il semble que nous ne puissions plus rien opposer à l'ennemi. Cependant nous trouvons des hommes assez courageux pour se mettre à la tête des affaires. Nous devons leur en savoir gré. Ils ne veulent point cependant proclamer la république, ils ne veulent pas lui faire endosser l'énorme responsabilité qui lui incomberait ; ils savent très-bien qu'ils ne sont là que comme gouvernement de transition.

Les hommes du nouveau gouvernement s'intitulent simplement membres de la défense nationale.

Ces nouveaux gouvernants ont-ils été à la hauteur de leur mission ? Il nous est pénible de dire le contraire, quoique quelques-uns aient fait des efforts inouïs, inconcévables pour arrêter l'avalanche qui allait fondre sur nous. Parmi eux, il s'en est trouvé qui ont eu un rôle effacé, complétement nul, d'autres ont peu agi, il en est un enfin qui, malgré le peu de résultats obtenus par ses efforts, a bien mérité de la patrie.

Il ne peut entrer dans le cadre d'une si courte étude d'analyser les caractères des membres de la défense nationale. Nous sommes du reste trop près des événements pour les juger sainement. Nous n'avons pas assez de recul pour apprécier leurs œuvres. Nous ne dirons que quelques mots sur ceux des membres de la défense nationale qui ont eu un rôle actif dans les affaires.

M. Jules Simon a bien peu fait dans l'instruction publique. On s'attendait à beaucoup mieux de sa part.

M. Ernest Picard, ministre des finances, fait tranquillement sa petite affaire, sans se donner trop de soucis. Il encaisse l'argent de l'emprunt fait par son prédécesseur, et comme il a été souscrit en grande partie par les habitants de Paris, il lui rentre pas mal de numéraire. Il n'a rien à payer extra-muros ; mais il a des dépenses très-onéreuses à l'intérieur. Il ne cherche aucune combinaison pour battre monnaie ; à quoi bon se creuser la tête et faire une opération qui serait difficile, et ne manquerait pas de le faire traiter d'incapable. Si nous ne pouvons faire bien, ne faisons rien, doit se dire M. Picard ; du reste, n'a-t-il pas la banque, sa voisine, qui, quoique n'étant pas prêteuse, ne peut refuser des fonds dans un pareil moment au spirituel ministre de la défense nationale.

M. Jules Ferry peut se flatter d'avoir été le plus mauvais administrateur qu'ait jamais possédé l'hôtel de ville; et dans sa position il aurait eu un beau rôle à jouer dans la défense de Paris.

Il a avancé la capitulation en ne rationnant le pain que pendant le dernier mois du siége; de sorte que pendant les trois premiers mois, comme les fourrages étaient très-chers et presque tous réquisitionnés, beaucoup de citoyens nourrissaient leurs chevaux, leurs bœufs, leurs moutons et autres animaux uniquement avec du pain. Une botte de paille valait déjà en octobre 2 fr. 75 et une de foin 4 fr. 50 et 5 fr. Il y avait donc avantage, surtout en novembre et en décembre, à nourrir les animaux domestiques avec du pain. Aussi leurs propriétaires ne s'en faisaient pas faute, et les animaux à eux seuls en consommaient une quantité considérable. Or c'est le manque de pain qui a hâté la capitulation de Paris.

Nous savons très-bien que dès le début on ne pouvait rationner à 300 grammes par tête et par jour; mais on aurait pu rationner le premier mois à 6 ou 700 gr., le second à 500 et enfin à 400 ou même 300; par suite de cette mesure, nous ne craignons pas de trop nous avancer en soutenant que Paris aurait pu tenir quatre à cinq semaines de plus. Si nous l'eussions fait, M. Gambetta n'aurait pas été obligé de précipiter les événements, et c'est ce qui a occasionné notre perte.

Pour les sucres, M. Ferry les a réquisitionnés et taxés alors qu'il n'était plus temps. En effet, son décret n'a paru qu'en janvier, à cette époque les usiniers qui n'avaient travaillé que sur des commandes à livrer à tels ou tels prix, avaient terminé leur fabrication. Les petits détaillants vendaient donc à perte [1], aussi ne voulaient-ils vendre qu'en cachette et cher, au moment où les grands industriels avaient fait fortune.

Enfin M. Ferry a apporté des réformes administratives qui, sous prétexte d'économie, ont grevé le budget de la ville de Paris. Ce dernier acte a moins d'importance que les précédents, parce qu'ici au moins on pourra revenir sur les décisions prises par ce mauvais administrateur et réparer le mal.

M. Jules Favre, dans toute sa conduite, a fait acte de bon citoyen. Il n'a eu qu'un tort, celui d'être seulement un grand avocat; on se rappellera longtemps ces mémorables paroles : « Pas une pierre de nos forteresses, pas un pouce de notre territoire. » Grand cœur, petit diplomate. Du reste, eût-il été plus fin politique, cela n'aurait pas servi à grand'chose, M. von Bismarck était le pire des sourds : il ne voulait rien entendre.

M. Gambetta s'est réellement montré patriote et républicain convaincu. Ce qui le prouve, c'est qu'il était la bête noire de la Prusse et des réactionnaires, qui ont reconnu qu'il était le seul homme à la hauteur de la situation. Aussi ont-ils cherché tous les moyens de le ruiner, de le décourager, de le démonétiser, et les journaux étrangers achetés par les ennemis de la France et de la République, ont calomnié ce grand citoyen. M. Gambetta a-t-il bien ou mal opéré ? N'ayant pas quitté Paris pendant le siége [2], nous n'avons pu contrôler ses actes en province.

---

[1] Ceci n'était qu'un demi-mal, car les épiciers avaient vendu leurs provisions à des prix exorbitants.

[2] Nous faisions partie de la batterie de l'École polytechnique sous les ordres du général Riffaut, directeur de l'école. Nous n'avons pas quitté Paris en ballon comme le bruit en a couru ; ce qui a donné lieu à cette supposition, c'est qu'on avait annoncé dans les journaux le départ d'un aéronaute, notre homonyme.

Depuis, comme il a eu le tort de perdre la partie, il a été si fortement vilipendé, qu'il est impossible de se faire une juste idée de sa personnalité. Nous réservons donc notre opinion ; la lumière se fera un jour. Mais ce que personne ne peut constester à M. Gambetta, c'est son activité fiévreuse et son ardent amour de la patrie. Si nous avions eu beaucoup de Français tels que lui, nous ne verrions pas et nous ne souffririons pas le chancre prussien nous dévorer tout vif. Mort ou liberté, telle aurait dû être la devise de tout Français, et on ne nous persuadera jamais que quarante millions de Français, tous frères et unis, ne peuvent pas, même sans armes, détruire ou repousser un million d'Allemands, divisés en plusieurs peuples qui ne se battaient que pour un roi. Voilà ce que M. Gambetta savait fort bien, et c'est ce qui lui a dicté sa ligne de conduite. Il a eu le tort de croire tous les Français animés de ces mêmes sentiments.

Il ne nous reste plus qu'à parler de M. Trochu, le gouverneur de Paris. Sa seule et sa plus grande faute, c'est qu'il paraît ne pas avoir eu confiance dans l'œuvre qu'il allait entreprendre. Pour lui, il ne voyait sur sa route qu'impossibilités. Au début nous n'étions pas prêts. Un jour c'était la gelée, le temps froid et sec ; un autre le brouillard ou le terrain détrempé par la pluie qui empêchait notre artillerie d'arriver à temps. Nos ennemis, au contraire, profitaient de tout, dè la pluie et du beau temps, et surtout du brouillard et de la nuit pour établir leurs batteries.

M. Trochu, dans un pareil moment, au lieu d'utiliser l'armée de Paris, l'a laissée se morfondre et périr d'ennui et de découragement, au milieu de l'inaction la plus complète. Si Bazaine à Metz a fini par trahir, au moins avant

sa capitulation a-t-il fait des sorties et infligé de grandes
pertes à ses ennemis.

Si le gouverneur de Paris jugeait notre position perdue,
s'il en était si intimement convaincu, il n'aurait pas dû
accepter son poste le 4 septembre, ou donner sa démission
le 1er novembre et ne pas attendre le 15 ou 20 janvier,
alors que tout était perdu. Il s'est contenté de faire de la
défensive bien organisée, nous le voulons bien (les ressources de Paris étaient si grandes, à lui seul c'est un
État), mais un gouverneur d'action avec l'admirable population de Paris, avec son entrain, son élasticité, son
merveilleux ressort, un général d'action, disons-nous, aurait pu jeter à la face du Prussien ce superbe défi : « Entre, si tu l'oses, nos portes seront toujours ouvertes, mais
souviens-toi de Châteaudun [1] ! » Eh bien ! M. Trochu n'a
pas utilisé cette magnifique force. S'il a jugé la percée des
lignes prussiennes impossible, nous ne pouvons discuter
la chose, n'étant pas compétent dans cette question ; il
aurait pu du moins harceler l'ennemi avec des petits
corps de troupes sans cesse renouvelées, et cela constamment, nuit et jour, il aurait fini par lui faire lâcher prise.
Il aurait pu inaugurer cette tactique dès le mois de novembre, il avait donc trois mois devant lui, et certes l'armée allemande n'aurait pu tenir si longtemps à ce régime.
Quelques affaires comme celle de Villiers, elle eût été
obligée de lever le siége ; le découragement marche vite
dans une armée qui n'est point homogène.

Une pointe de plus à Montretout, sans le retard du gé-

---

[1] O grande et noble cité, reçois ici le tribut de nos louanges et
de notre admiration. Sitôt cette tempête apaisée, nous ne cesserons
de demander un monument commémoratif en l'honneur de ton courage, de ta vaillance et de ton patriotisme.

néral Ducrot, l'homme à la proclamation incendiaire, et l'état-major de Versailles n'avait plus qu'à boucler ses malles, s'il en avait eu le temps. D'aucuns prétendent que c'était chose déjà faite.

Là mollesse de M. Trochu nous amena les délégations et l'émeute du 31 octobre. Ces délégations venaient demander à l'hôtel de ville des sorties à courts délais ; quant à l'émeute, elle voulait renverser le gouvernement de la défense nationale et proclamer la Commune.

Des fenêtres de l'hôtel de ville nous regardions, avec le Directeur des travaux d'Architecture de la ville de Paris, cette foule qui essayait de forcer les portes, et nous regrettions amèrement que dans un moment aussi critique on voulût le renversement du gouvernement.

Tel était notre avis, ainsi que celui de gens très-sensés. Cependant nous devons dire, pour rendre hommage à la vérité, que beaucoup de personnes amies de l'ordre demandaient elles aussi la proclamation de la Commune, comme étant le seul remède à nos maux. Elle devait prendre un rôle actif et combattre nuit et jour.

Aujourd'hui que nous connaissons les événements accomplis, nous sommes persuadé que le triomphe de la Commune le 31 octobre, aurait été chose utile pour la cause française. La grande capacité de M. Trochu ne nous a amené que la capitulation de Paris et la perte de tout, tandis que la Commune aurait jeté son feu avec les Prussiens. Si nous n'avions pas eu le dessus, ce qui est au moins douteux, à la façon dont on vient de se battre, nous n'aurions pas eu certainement la désolante guerre civile qui vient de donner l'avant-dernier coup à la France.

En effet, en supposant la partie perdue par la Commune, nous n'aurions pas eu des résultats plus tristes que par le plan Trochu. Au contraire, nos ennemis auraient appris à connaître notre force, et ils n'auraient pas eu l'audace de nous pousser à bout en nous dictant des conditions inacceptables. La Commune aurait pu peut-être donner des milliards, mais elle n'aurait jamais cédé l'Alsace et la Lorraine.

En somme, M. Trochu s'est montré un général de salon, sachant bien causer et bien écrire, et s'il nous était permis de lire dans les consciences, nous ajouterions que M. Trochu n'était si religieux dans ses proclamations que pour flatter le clergé, qui aurait pu lui être utile à un moment donné, car sous ses dehors modestes, il pouvait bien n'être qu'un gros ambitieux. Il se serait fort bien laissé proclamer président de la République, s'il eût réussi, et malgré ses protestations de rien vouloir accepter après son mandat accompli. Ce jour-là il aurait pu être sincèrement républicain.

Ainsi donc le gouvernement de la *défaillance nationale,* comme on l'a si bien dénommé, n'a fait qu'empirer notre pénible situation, et sauf M. Gambetta, qui aurait pu nous sortir de ce chaos, s'il eût été secondé, nous n'avons pas eu un homme à la hauteur de la situation.

LE PRÉSENT

Après ce triste gouvernement, nous avons eu en France deux courants contraires. L'un, qui aspire aux idées libérales, et qui cherche à fonder la liberté ; l'autre, qui est la négation de ce principe, et qui veut fonder l'autocratie, derrière laquelle s'abritent et se cachent toutes les plaies du genre humain.

Du choc de ces deux courants pourra naître un jour la lumière, mais pour l'instant il n'a produit que l'anarchie, c'est-à-dire le plus cruel des malheurs qui puisse frapper un peuple, et qui suffit à lui seul pour détruire la nation la plus florissante. Cette situation divise le pays en deux groupes, qui sont l'un et l'autre très-puissants.

Le premier est représenté par des âmes honnêtes, qui, après nos désastres, ne voyaient que l'établissement de la République, seule forme de gouvernement pouvant nous donner des institutions libres, dicter des lois sages et économiques, et faire le bonheur de tous par l'apaisement des passions politiques et la moralisation des esprits.

Évidemment toutes les intelligences d'élite, tous les vrais patriotes faisaient partie de ce premier groupe, moins nombreux que le second, mais qui aurait pu sauver le pays.

Le second groupe est le plus fort et le plus dangereux, parce qu'il est formé d'un faisceau de gens et d'idées hétérogènes, concourant tous au même but, au renversement de la République. Dans ce groupe nous voyons les monarchistes, qui se subdivisent en impérialistes, en légitimistes, en orléanistes; ils sont tous intimement unis momentanément, mais que l'un de ces partis triomphe, et il aura contre lui ses anciens collaborateurs.

A ces deux groupes se joint un groupe mixte, pourrions-nous dire, qui ne prend fait et cause pour aucun, et qui se met toujours contre le gouvernement établi, c'est le groupe des réactionnaires, qui se compose de la lie du peuple. Il se mêle à tous les partis pour arriver à susciter du désordre afin de pêcher en eau trouble. C'est la pire engeance, qui salit tout ce qu'elle touche, elle ne sert que ceux qui lui donnent salaire; c'est cette tourbe infecte qui assassine les généraux, pille les églises et les maisons, et se porte aux plus cruelles extrémités. On retrouve au milieu d'elle l'écume des bagnes et des prisons, elle est d'autant plus à craindre qu'elle risque tout, n'ayant jamais rien à perdre ; et c'est elle malheureusement qui constitue une des forces de la Commune, et qui explique en partie les horreurs et les atrocités commises.

Notre pays était dans cette situation d'esprit quand il a été appelé à nommer une assemblée. La frayeur, la crainte de voir continuer la guerre a fait mettre de côté tous les républicains honnêtes, beaucoup d'intelligences hors ligne, et a fait nommer des monarchistes et des cléricaux, afin d'avoir la paix, la paix à tout prix. Les poltrons avaient surtout peur du spectre rouge.

On comprend aisément qu'une Chambre nommée dans de telles circonstances, et composée de pareils éléments, une Chambre telle ne pouvait que compliquer notre position. Aussi Paris s'en est méfié avec raison, et l'a-t-il étudiée avant d'agir, et il n'y a rien d'étonnant que la tentative de la Commune avortée le 31 octobre ait réussi le 18 mars. Le gouvernement de M. Thiers est cause de cette scission. Il a eu le grand tort de déplacer l'Assemblée nationale. Il fallait la maintenir à Bordeaux, centre républicain, ou l'implanter carrément à Paris. Si la Chambre avait eu l'intention de maintenir la République, c'était le seul milieu où elle eût obtenu le plus de partisans, et nous affirmons que les honnêtes gens l'eussent secondé. Donc la première faute de ce gouvernement, c'est son établissement à Versailles.

Ensuite l'Assemblée devait maintenir envers et contre tous, et de tout son pouvoir, la forme républicaine, puisque nous savons par expérience que la forme monarchi-

que a occasionné tous nos malheurs depuis bien longtemps. De plus, elle est tout à fait antipathique à toutes
les réformes libérales que réclame depuis longtemps le
pays. Or la majorité de l'Assemblée non-seulement n'est
pas républicaine, mais elle a même affecté de ne vouloir
faire aucune concession au régime républicain. Bien plus,
elle n'a jamais laissé échapper une occasion de lui mon-
trer ouvertement son hostilité. Au moins si le chef du
pouvoir exécutif n'était pas essentiellement républicain,
il a eu l'habileté de ne jamais faire aucune démonstra-
tion antirépublicaine. Nous savons bien que la Chambre
se ravise, et qu'elle affectera tous les jours de paraître ce
qu'elle n'est pas, mais il est trop tard, le parti républicain ne peut plus avoir confiance en elle, et s'il n'est pas
le plus nombreux, il est le plus fort, et le temps est venu
où il faut compter avec lui; la Chambre s'én est aperçue,
elle le caresse, elle le flatte pour mieux l'étouffer.

Il n'y a donc rien de surprenant que Paris ait proclamé
la commune. Comment! voilà une ville de deux millions
d'habitants qui aspire à mourir pour sauver son pays,
qui fait du patriotisme jusqu'à l'abnégation de sa vie.
Cette ville, si longtemps comprimée par le despotisme, qui
ne pouvait souffler que par un quart de poumon, possède
à la fin sa liberté, et on veut la lui ravir! bien plus, on
agite la question de savoir si elle est encore digne d'être
capitale; voilà la récompense de ses services et de son dé-
vouement. On répète partout en province : Il faut en finir
avec Paris; c'est lui qui est cause de tous nos malheurs.
Quelle grave erreur. La révolution s'accomplit là, parce
que c'est là où siége le gouvernement, et qu'on le mette
dans le plus petit bourg de France, si une révolution devient nécessaire, elle s'accomplira aussi là. Et puis on ne

peut déplacer facilement une capitale; M. Thiers n'a jamais pu y songer, et nous sommes persuadé qu'à l'heure qu'il est il reconnaît la faute de l'Assemblée d'avoir, bon gré mal gré, voulu essayer de capitaliser Versailles. Il n'y a que des utopistes ou des cerveaux malades qui puissent croire que toute ville est bonne pour une capitale. La position de Paris est unique, exceptionnelle, et Paris serait rasé demain, qu'il serait vite reconstruit; car son emplacement géologique et géographique en fera toujours une ville unique dans le monde.

Ainsi donc, nous trouvons que l'assemblée a fait une grande, une immense faute, et que M. Thiers a assumé une énorme responsabilité en ne pesant pas de tout son pouvoir pour faire siéger la Chambre à Paris.

La seconde faute de l'Assemblée, c'est d'avoir refusé à Paris les franchises municipales, dont jouissent toutes les villes de France; nous ne craignons pas d'affirmer que tous les malheurs présents, et tous ceux qui les suivront, n'ont pas d'autres causes.

Quant à la commune, elle a commis de grands excès: mais aussi elle a montré ce dont sont capables les hommes qui se battent avec convictions.

Les excès qui se sont commis ne peuvent être imputés à la commune. Connaissons-nous tous les bras qui dirigent tous les traîtres qui reçoivent l'or des Bonaparte et des Bismarck, pour détruire et démolir la sainte cause de la liberté? Après l'Assemblée de Versailles, ce sont ces fourbes qui sont les seuls responsables du mal.

Quant aux membres honnêtes de la commune, ils poursuivent une révolution sociale nécessaire, eux morts ou disparus; d'autres prendront leur place et continueront leur œuvre; c'est la révolution de 1789 qui continue;

jusqu'ici il n'y a eu que des copistes et des plagiaires de cette époque. Dans quelque temps viendront des hommes nouveaux qui apporteront de nouvelles améliorations.

Que la commune meure ou subsiste, son œuvre sera continuée; car, nous le disons hautement, si des gens sont assez insensés pour essayer d'une restauration ou d'une monarchie, c'est la guerre civile à perpétuité, c'est-à-dire le démembrement et la destruction de la France.

Ainsi donc, pour régénérer notre pays, plus de rois; car il se trouvera toujours des hommes pour propager, par des paroles et des actes, cette idée : PLUTÔT LA MORT QUE LE RÈGNE DES ROIS.

Nous avons la république, nous la maintiendrons.

L'AVENIR

Si nous considérons de sang-froid l'avenir de la France, malgré tous les fléaux qui se sont déchaînés contre elle, nous trouvons qu'il n'y a rien de désespéré, si nous nous mettons immédiatement à l'œuvre.

Après plusieurs mois de désastres et l'énorme accroissement des dépenses improductives, il y a et il devait y avoir une grande, une très-grande gêne. Ainsi donc, ce qui manque tout d'abord, c'est l'argent; or, de ce que celui-ci est nécessairement l'intermédiaire obligé des transactions, on est disposé à conclure que la richesse consiste dans la possession de l'argent; c'est là une grave erreur. On peut se passer d'argent pour les transactions commerciales, mais on ne peut se passer de crédit; or, crédit vient de croire, avoir confiance; il faut donc faire cesser tout désordre pour que tous les peuples, nos voisins, aient confiance en nous.

Il en est des peuples comme des individus : ils peuvent être riches et posséder peu de numéraire. Un peuple est riche si son agriculture est prospère et perfectionnée, si son industrie est assez avancée pour livrer en grand les produits manufacturés, ou traiter avec économie les produits naturels.

Un peuple est riche s'il possède tout ce qui aide et facilite les transactions commerciales, s'il a des canaux et des routes, des vaisseaux et des chemins de fer, des télégraphes. Il est riche encore s'il possède tout ce qui procure des commodités et qui favorise le commerce et l'industrie. Tel est le peuple anglais.

Au contraire, un peuple peut être pauvre et posséder beaucoup d'or ; tel est le peuple espagnol, qui, manquant d'industrie, s'est appauvri, malgré les mines d'or du nouveau monde, dont il a été longtemps le seul dépositaire. L'Espagne s'est appauvrie, parce que son argent a passé à l'étranger. Prenons garde à ce que notre fortune ne prenne pas le même chemin. La Prusse, qui a tenté tous les moyens de diminuer notre vitalité et notre force, tentera celui-là encore davantage, parce que si nous perdions nos dernières ressources, nous ne pourrions plus nous relever. Il faut donc nous faire de grandes réserves d'argent.

On ne peut arriver à ce but que par de grandes améliorations administratives, et par l'étude d'un budget tellement économique qu'il permette de réaliser des bénéfices énormes sur les années écoulées. C'est donc une question délicate et compliquée. Comme il faudra opérer vite et bien, il serait à désirer que chaque homme compétent fournît dans sa spécialité des renseignements très-étudiés, par conséquent très-pratiques, à ceux qui seront appelés à établir nos budgets futurs.

Pour l'honnête homme, le seul moyen de devenir riche, quand il ne l'est pas, c'est de travailler, de gagner de l'argent et d'économiser.

Quand il a de la fortune, c'est de faire valoir ses biens par un travail productif et d'en capitaliser les revenus.

Pour un État, les moyens sont absolument identiques, quoiqu'il n'y paraisse pas au premier abord. L'État n'est qu'un grand propriétaire qui se ruine, si ses dépenses excèdent ses revenus. Il s'enrichit, au contraire, si, par un budget sagement compris, il économise sur ses recettes. Ainsi donc, un juste équilibre dans son budget est un fait nécessaire pour sa prospérité.

Ce qui enrichit aussi ou ruine un propriétaire, c'est un bon ou un mauvais gérant.

Si ce gérant est capable et honnête, le bien du maître s'accroît, et tout le monde peut lire dans ses livres et peut les contrôler au besoin.

Or, le gérant d'un État, c'est le gouvernement; s'il est capable et honnête, le pays prospère; s'il est incapable ou fripon, on ne voit sur ses livres que ce qu'il veut laisser voir (malgré la cour des comptes); il ruine son pays. S'il est inepte et fourbe à la fois, il peut le ruiner pour longtemps, quelquefois pour toujours, malgré l'immense fortune que peut posséder son peuple.

Voilà notre situation. Quoiqu'elle soit bien compromise, elle n'est pas perdue; nous sommes persuadé que cela dépend de nous-mêmes.

En effet, puisque le pays est appelé à se gouverner lui-même, s'il sait sagement administrer ses affaires, il se tirera de l'inextricable guêpier dans lequel l'ont plongé vingt années d'intrigues et de corruptions.

Que tous les Français dignes de ce nom entreprennent donc cette noble tâche! Secondons tous les efforts généreux des hommes qui travailleront dans cette voie!

Pour nous, nous allons résumer, dans cette conclusion, les moyens pratiques qui peuvent régénérer la France et lui donner une véritable prospérité.

Chacune de nos propositions formera un paragraphe, afin qu'un plus grand nombre de lecteurs puisse en saisir tout l'ensemble, puisse les méditer séparément et en tirer toutes les conséquences qui en résultent. Nous ne pouvons, en effet, faire de longs commentaires sur chacune d'elles, et nous ne pouvons donner les explications étendues et nécessaires à l'intelligence complète de matières aussi ardues, aussi difficiles. Il faudrait entrer dans des développements considérables, il faudrait écrire des volumes et faire un vrai cours d'économie sociale; or, nous dépasserions le but de cette brochure, qui ne doit être qu'un aperçu, un sommaire des moyens que nous proposons. Il faut que le lecteur ait confiance en nous; car nous ne formulons ces propositions que parce que nous les croyons les meilleures, après avoir étudié à fond notre sujet et y avoir mûrement réfléchi.

Voici donc ce que nous croyons urgent d'établir immédiatement; il n'y pas un instant à perdre; depuis dix mois la France ne marche plus, et on ne peut arrêter pendant plus longtemps les rouages d'une pareille machine; ce serait compromettre ses mouvements, sa vie; ce serait assurer sa perte.

I

Maintien et raffermissement de la république ; par suite économie d'au moins 30 millions d'une liste civile, que nous avons la sottise d'offrir à un roi ou à un empereur, pour les prier de vouloir bien nous malmener le plus possible, leur permettant en outre, afin de remplir leur rôle de *bons gérants* jusqu'au bout, de jouer à la Bourse à coup sûr et avec notre argent, ou d'emprunter ou voler le trésor suivant leur bon plaisir.

II

Dissolution immédiate de l'Assemblée de Versailles, qui a accompli son triste mandat, puisqu'elle a signé les préliminaires de la paix, et nomination d'une Assemblée constituante, composée de 4 à 500 membres au plus. Cette nouvelle assemblée, après avoir élaboré et arrêté une constitution, choisira dans son sein ou en dehors un président de la république pour une période de trois ans au plus. Ce président ne pourra être éligible deux fois de suite.

Pour la nomination des nouveaux députés, le pays doit prendre des mesures pour que le vote des campagnes ne puisse pas paralyser, annihiler le vote des villes, la proposition que M. Ed. Quinet a faite à l'Assemblée, avec quelques modifications, peut nous donner de bons résultats.

De plus, l'opinion générale demande qu'on choisisse, cette fois, pour députés des hommes pratiques, c'est-à-dire des industriels, des anciens négociants, des hommes

qui soient ou qui aient été à la tête de vastes établissements privés, ou de grandes administrations fonctionnant
par l'association des capitaux. Ces hommes, ayant une
grande habitude des affaires commerciales, appliqueront
utilement leur aptitude aux affaires publiques. On pourra
bien nommer des avocats pour légiférer, mais pas trop
n'en faut.

III

Un moyen de faire des recettes immédiates pour faire
face à nos besoins, c'est celui de vendre en les prolongeant
pour vingt ou trente ans les priviléges concédés aux compagnies de chemins de fer, ou aux compagnies concession-
naires de mines de charbons ou autres, en consultant et
garantissant les droits des actionnaires et des obligatai-
res, et tout autant que les compagnies voudraient accepter
une prolongation.

IV

Révision administrative. Pour ce paragraphe, nous aurions beaucoup à dire, malheureusement il faut savoir se
borner. — On pourrait, sans inconvénient, supprimer
dans beaucoup de cas un tiers des employés de l'État, ou
au moins un quart. On mettrait bien, par ce procédé,
quelques milliers de jeunes gens sur le pavé; mais ce serait un bien petit malheur, puisqu'ils y trouveraient les
premiers leur compte. La nécessité est la mère de l'industrie; c'est elle qui est cause des grandes inventions et
des grandes découvertes. Donc ces jeunes gens se mettraient
hardiment à la besogne, et, en les remerciant dans leur
administration où ils croupissent sans rien faire, on rejet-
terait de cette façon dans l'agriculture, le commerce,

l'industrie, une quantité énorme d'intelligences qui leur seraient très-utiles ; car, dans ces diverses branches, on peut tous les jours accepter des capacités.

Pour les chaires des professeurs, pour les magistrats, les employés quelconques d'administrations et de ministères, il faudrait établir des concours. Du reste, le concours est un agent utile pour notre régénération, et il ne faut pas le négliger. Il ne faudrait exiger que les deux baccalauréats comme premier degré, et puis des concours publics pour arriver à tout. C'est le seul moyen de forcer au travail la nouvelle génération. On finirait par avoir des hommes instruits et sérieux, qui chercheraient constamment à acquérir de nouvelles connaissances, afin de pouvoir surpasser leurs voisins, ce serait un véritable steeple-chase pour détruire l'ignorance ; tandis qu'aujourd'hui les écoles du gouvernement ou les protections font obtenir des emplois à des gens incapables, qui s'endorment dans leur poste comme des coqs en pâte.

Pourquoi agiraient-ils autrement ? Ils peuvent calculer leur avancement en suivant la filière administrative, la plus grande plaie de notre organisation sociale. Rien ne peut les empêcher d'arriver, capables ou ineptes, tous marchent d'un pas égal. Quelquefois cependant de fortes protections, ou des influences de robes, les font passer rapidement par tous les grades, et cela bien souvent au détriment du mérite, qui, plus modeste, n'ose intriguer, parce qu'il ne compte que sur son travail ou sur sa valeur.

Enfin beaucoup d'administrations, comme les postes, les télégraphes, l'imprimerie nationale, pourraient être données en adjudication. L'État sait fort bien ce que coûte leur fonctionnement, et il ne doit pas ignorer ce

qu'elles rendent. Entre les mains de sociétés privées elles
rapporteraient davantage, de sorte que chacun y ga-
gnerait.

Cette suppression administrative diminuerait cette armée de petits employés qui pleure sans cesse, et qui se
plaint toujours ne n'avoir pas assez pour vivre. Or cette
armée devient un instrument dangereux entre les mains
d'un mauvais gouvernement, car elle est salariée pour
espionner, disons le mot, moucharder les employés su-
périeurs, qui sont ainsi tenus en laisse et obligés de tout
faire en vue de plaire au grand maître.

Cette suppression aurait encore l'avantage considérable de retenir et de faire fructifier dans notre pays les
capitaux français, qui vont malheureusement et trop souvent s'engloutir à l'étranger, comme nous allons bientôt
le voir.

V

Sociétés coopératives. — Une tendance générale a en-
traîné le capital français à rechercher les fonds d'États
étrangers. Cette tendance se justifie en apparence par la
confiance qu'inspire tout placement qui s'offre au public
avec la garantie d'un gouvernement. Or l'expérience devrait faire voir aux moins clairvoyants que les gouver-
nements tiennent moins leurs engagements que des sociétés privées. En effet, les premiers ne se font aucun
scrupule de faire banqueroute quand ils manquent d'argent, tandis qu'une industrie privée y regarde à deux fois.
Aussi nous conseillerons toujours de prêter à un honnête
voisin qui travaille là sous nos yeux, sous notre contrôle,
plutôt que de livrer notre fortune à un peuple éloigné qui

nous promet, sur la quatrième page des journaux, des dividendes fabuleux, et qui finit tôt ou tard par faire faillite, quand il ne commence pas par là.

Ainsi donc nous devons nous pénétrer de cette vérité : c'est que, une garantie d'État n'a qu'une valeur de circonstance, et qu'il faut moins que rien pour faire péricliter notre argent ; des dépenses imprévues, une mauvaise administration financière, une guerre désastreuse, une révolution.

La meilleure sûreté qu'un emprunteur puisse fournir à ses créanciers, c'est une grande richesse unie à une administration habile et à une politique sage ; or nous vous le disons en vérité, s'il existe quelque part un pays dans ces conditions, il n'a généralement pas besoin d'argent, donc il n'emprunte que très-rarement, et il trouve toujours chez lui. Ce sont donc des pays dans de mauvaises conditions, ou pour des affaires douteuses, qui empruntent à l'étranger. A ceux-là il ne faut pas prêter, il faut surtout se méfier de ceux qui promettent de si gros intérêts, et qui font de si grandsfrais de prospectus ; lorsqu'une affaire occupe une page ou une demi-page d'un journal, on peut être à peu près assuré que c'est une affaire véreuse. Voici pourquoi : c'est que la publicité coûte fort cher, et si un État dépense tant pour battre monnaie, c'est qu'il lui est difficile d'en avoir sans faire de grands frais, autrement dit, sans mentir.

Ainsi donc, un des puissants moyens de recouvrer notre prospérité, et que nous recommandons plus spécialement, c'est de placer nos capitaux dans notre pays [1] ;

---

[1] Nous avons développé cette idée plus longuement dans notre *Traité complet de la tourbe*, p. 231 et suiv. 1 vol. in-8 avec fig. Librairie polytechnique de J. Baudry, 15, rue des Saints-Pères, 1870.

là du moins, quand une entreprise périclite, il nous est possible de la surveiller, de limiter sa ruine, et de sauver une partie des fonds engagés. Tandis qu'à l'étranger, si nous sommes volés, nous le sommes entièrement. C'est en opérant avec cette légèreté, avec cette ignorance, que depuis 1852 jusqu'en 1871, dans une période de dix-huit années, la perte de l'épargne française peut être évaluée à cinq ou six milliards. Pour confirmer notre dire, nous n'avons qu'à relater pour mémoire les emprunts de tous les pays, les chemins de fer de l'Espagne, de l'Italie, de la Suisse, de la Russie, les emprunts mexicains, tunisiens, etc.; il faut nous arrêter, la nomenclature en serait trop longue.

Pour éviter ces catastrophes et conjurer la crise financière, il faut retenir l'épargne française chez nous. Pour cela il y a plusieurs moyens bien simples. L'un d'eux est de frapper les valeurs étrangères d'un droit excessif, tout en prohibant une publicité éhontée. Un autre, c'est d'encourager les sociétés coopératives et industrielles, de faciliter leur création. Pour seconder celles qui fonctionnent actuellement, ou qui fonctionneront dans l'avenir, il n'est pas nécessaire de grever notre budget. Il suffit d'employer une partie des fonds qu'on gaspillait dans les concours régionaux, et les prix de cent mille francs des courses qu'on délivrait au meilleur coursier. Nous ne savons l'influence que cet encouragement à la race chevaline a eu sur notre agriculture, mais enfin, si amélioration il y a eu, elle a été peu sensible. Tandis qu'en distribuant quatre ou cinq cent mille francs de prix aux sociétés industrielles qui, avec le moins de capital engagé, distribueraient le plus fort dividende, on obtiendrait de magnifiques résultats. On diviserait cette somme en huit ou dix prix.

Encourageons surtout le capital placé en Algérie, nous avons dans ce pays des ressources considérables, que nous ne savons pas exploiter. Nous pourrions créer là une colonie d'émigration pour ceux qui, trop pauvres, ne peuvent vivre en France.

VI

Suppression de toutes les sous-préfectures. S'il est un rouage complétement inutile dans notre organisation administrative, c'est, sans contredit, la sous-préfecture. Les préfets, secrétaires généraux, conseillers, peuvent faire de fréquentes tournées dans les chefs-lieux d'arrondissements, ou recevoir la visite du maire ou des conseillers municipaux.

Du reste, les villes, devant s'occuper de plus en plus de leurs propres affaires, finiront par supprimer les cinq sixièmes du travail préfectoral pour l'arrondissement.

Cette sage mesure éviterait certains rapports désagréables des maires, très-influents, et des sous-préfets, qui, ayant les uns et les autres des idées administratives et locales préconçues, ne craignent point de les faire prévaloir, quand même, au détriment de leurs administrés. Et ils n'agissent bien souvent ainsi que pour satisfaire une question d'amour-propre. De là des inimitiés incalculables, dont les citoyens reçoivent le contre-coup.

Ces zizanies vont être d'autant plus fréquentes aujourd'hui, que les maires élus par le suffrage ont des idées larges et libérales, parce qu'ils sont en majeure partie républicains, et qu'ils auront à faire à des préfets ou sous-préfets monarchistes. Nouvelle cause de dissensions que le gouvernement Thiers aura créée.

VII

Créations d'écoles, bibliothèques, musées. — Nous touchons ici à la question la plus importante, la moins étudiée et la plus imparfaite de notre organisation. Il faut répandre l'instruction ; or, pour donner le goût de l'étude, il faut créer de nombreuses écoles, des bibliothèques et des musées. Il est nécessaire d'en faciliter le plus possible l'accès à tout le monde.

Dans beaucoup de villes, même d'une certaine importance, il n'existe ni bibliothèque, ni musée ; et quand, par hasard, il s'en trouve, ils ne sont point fréquentés. Aussi pourrions-nous citer certaine ville du midi de la France, avec une population de 50,000 habitants, où la bibliothèque publique ne reçoit pas dix lecteurs par jour.

Il n'y a rien d'étonnant : les bibliothèques ne sont ouvertes, dans la plupart des villes, que les jours de la semaine, et à des heures qui ne sont accessibles qu'à la classe aisée, précisément aux personnes qui, à la rigueur, ont assez de fortune pour acheter des livres.

Nous aimerions mieux voir fermées les bibliothèques la moitié de la semaine et de la journée, et les voir ouvertes tous les dimanches et le soir de 6 à 10 heures. La classe laborieuse pourrait au moins s'instruire un jour par semaine, et passer des soirées instructives et agréables, au lieu d'aller perdre son temps dans les cabarets ou dans les cafés, dans lesquels les intelligences les plus remarquables vont s'abrutir. Il y a temps pour tout.

On pourrait aussi prêter des livres, dans une certaine mesure, aux personnes moralement responsables, qui habitent la localité ou qui y sont domiciliées depuis 5 ou

6 ans. Évidemment, dans une bibliothèque, on ne peut laisser sortir les chefs-d'œuvre, les livres rares, ou seulement de belles éditions; mais on pourrait avoir, par plusieurs exemplaires, les livres de science, d'histoire, d'économie, d'industrie, d'agriculture, d'archéologie et d'art. On faciliterait ainsi l'instruction, on propagerait les bons livres; et les ministères, les départements, les villes, en achetant de bons ouvrages, encourageraient les bons auteurs contemporains, et les rééditions des anciens classiques ou des chefs-d'œuvre de l'antiquité.

Quant aux musées, nous ne pouvons encore exiger que chaque ville possède des collections de tableaux; mais il devrait y avoir, à côté de chaque bibliothèque, au moins un musée industriel, des collections géologiques, minéralogiques, ou d'histoire naturelle ou de botanique.

L'instruction des yeux est la première de toutes, et la plus facile à répandre. Quand une génération aime à voir, la seconde aime à lire, les suivantes à s'instruire, à étudier, à produire. Le dégel obtenu, le progrès marche rapidement.

VIII

Révision de l'instruction. Il faut revoir l'instruction à tous les degrés et dans toutes les branches. Il faut créer des écoles d'agriculture; car personne ne soupçonne l'existence de celles qui, trop rares, ont un enseignement imparfait. Il faut multiplier aussi les écoles industrielles et de dessin. Ces dernières ont pour mission d'augmenter et propager le goût, cause incontestable de notre supériorité sur les autres nations. L'Allemagne, dans ces dix dernières années, a augmenté d'une façon inconcevable ce genre d'étude.

Les arts du dessin forcent les enfants à avoir beaucoup de soin, à apporter beaucoup de recherche dans leurs travaux; alors ils s'y intéressent, ils l'aiment et s'y appliquent avec assiduité. Les arts du dessin contribuent le plus, après les mathématiques, à développer l'intelligence et le jugement des enfants [1].

IX

Révision de l'impôt. — On a beaucoup écrit et beaucoup discuté sur la théorie de l'impôt ; c'est qu'en effet, il est très-difficile de bien établir et répartir équitablement les impôts dans un grand pays. Nous ne pouvons, dans une étude de si courte haleine, proposer un projet développé de répartition des impôts. Nous ne ferons qu'indiquer les points sur lesquels doivent porter les réformes.

---

[1] Ceci pourra paraître exagéré à bien des personnes, même très-sérieuses, qui n'attachent point à cette partie de l'éducation, une assez grande importance. Cependant rien n'est plus vrai. Nous nous proposons de développer cette thèse dans un travail spécial sur l'éducation artistique. La France a là, dans les mains, un des moyens de prospérité qu'on ne doit pas négliger. C'est pourquoi nous déplorons que dans le projet de loi sur les crédits rectifiés de 1871 présentés par MM. Thiers et Pouyer-Quertier, 1,177,000 francs soient distraits sur les crédits votés pour l'instruction et les beaux-arts. On se plaît à répéter sur tous les tons que ce qui cause les malheurs de la France, c'est le manque d'instruction et l'ignorance du paysan, nous sommes de cet avis, et l'on ne fait rien pour remédier au mal; au contraire, voici une nouvelle économie qui prouve que le gouvernement Thiers ne tient pas à éclairer les masses. Mais, nous dira-t-on, il faut réaliser des économies sur tout pour payer l'indemnité de guerre. A cela nous répondrons: supprimez tout ce qu'il vous plaira, mais ne touchez pas à l'alimentation morale.

Il faut d'abord à tout prix dégrever la propriété agricole, qui produit le blé, la viande, les fourrages, tout ce qui fournit les consommations usuelles de première nécessité.

Il faut au contraire augmenter les impôts sur les propriétés qui sont plus spécialement l'apanage des classes riches. On devra ensuite étudier le meilleur et le plus économique système à adopter pour les octrois. Encore ici il faut que les produits de première nécessité entrent presque en franchise, et l'impôt doit peser sur les matériaux de construction, sur les bois et les combustibles pour les usines ou fabriques qui se trouvent dans l'intérieur des villes ; quant aux patentes, il ne faudra pas ménager tous les commerces qui sont de superfluité ou de luxe, les établissements publics qui ne sont créés que pour le plaisir et la satisfaction de la vanité. Les charges ne seront jamais trop lourdes pour les cafés et marchands de vin ; les consommateurs ne pouvant guère payer plus cher que les prix actuels, on réduira par cette mesure le nombre des établissements ; ceux-ci diminuant, le vice de l'ivrognerie, cause de tant de malheurs, aura moins d'intensité.

Les patentes ne seront jamais trop fortes pour les banquiers, financiers, agents de change, et surtout pour ces agioteurs, coulissiers, journaux financiers, tout ce monde interlope qui grouille dans ce marais infect de la Bourse.

X

Révision de nos tarifs douaniers. — Il faut les abaisser pour l'importation de tous les pays ; mais, nous dira-t-on, c'est un singulier moyen de faire de l'argent !

Cette observation est plus spécieuse que juste. D'abord

si vous apportez moins d'entraves, toutes les matières premières arriveront plus abondamment; on facilitera la
production [1], donc le consommateur aura tout à meilleur compte; or, chaque fois qu'on favorise le consommateur, on fait le bonheur du plus grand nombre, c'est-
à-dire le bonheur de l'humanité. Ensuite si le consommateur achète plus, il rentre beaucoup plus de marchandises, de sorte que si nous abaissons notre tarif, la quantité suppléera au chiffre provenant de l'abaissement.

Mais nous voyons sourire le lecteur malin qui se connaît peu en matière d'économie, et nous le voyons faire
cette objection : mais si vous abaissez vos tarifs, la mar-
chandise étrangère nous inondera et ruinera notre industrie. A cela nous lui répondrons qu'il est dans l'er-

[1] M. Pouyer-Quertier ne semble pas partisan de pareilles améliorations. Nous ne pouvons concevoir qu'un homme de cette valeur
ait proposé un projet de loi imposant de 20 % l'entrée des soies,
au moment où l'Industrie Lyonnaise est tellement ruinée, que si
cette mesure était adoptée, se serait assurer sa perte.

M. Pouyer-Quertier devrait savoir que les États-Unis, la Prusse
Rhénane, la Suisse allemande, commencent à faire une concurrence
épouvantable à l'Industrie Lyonnaise, qui a dû abaisser ses prix
dans ces dernières années pour pouvoir rivaliser avec ces contrées.
Pour ne citer qu'une seule ville que nous venons de visiter, Bâle,
nous avons appris de source certaine (car ces questions nous intéressent très-fort) nous avons appris que cette ville fabrique pour 40 à
50 millions de ruban par an; Zurich fait aussi en soirie un chiffre
d'affaires presque aussi considérable.

Voilà ce que ne voient point Messieurs les protectionnistes, ils
ruinent complétement le commerce de Saint-Étienne et de Lyon;
et pour faire entrer quelques millions dans le fisc, ils détruisent des
industries qui rapportent des milliards, nous disons milliards. Espé-
rons qu'au moment où paraîtra notre travail, cette question sera
vidée au profit de notre industrie, cela ne peut être autrement;
Lyon pour fabriquer ayant besoin des soies étrangères; au moment
surtout où la maladie des vers à soie sévit avec autant d'intensité
dans le midi de la France.

reur, mais que nous ne pouvons répondre, cela nous entraînerait trop loin. Nous ne pouvons traiter dans une si mince brochure de pareils problèmes d'économie sociale, mais nous renverrons le lecteur aux ouvrages spéciaux. Nous lui recommanderons les *Œuvres de Bastiat*. Nous devons au contraire élever nos tarifs et les rendre prohibitifs pour toute l'Allemagne, jusqu'au jour où elle aura proclamé la république, car nous devons tout faire pour anéantir cette puissance, l'équilibre européen l'exige.

Nous ne devons pas même faire d'exception pour notre chère Alsace-Lorraine, puisque par la faute de l'Assemblée elle est germanisée; puisque la Prusse a voulu ces provinces, qu'elle les fasse vivre, qu'elle leur donne surtout la prospérité que la France leur donnait.

Du reste, si nous acceptions en franchise les produits de ce pays, l'Allemagne nous écoulerait par là toutes ses marchandises. Acceptons de partout, mais rien de l'Allemagne. Mais on nous objectera peut-être que l'Allemagne nous enverra par les pays où nous aurons abaissé les tarifs. Ceci, c'est de la théorie, mais, en pratique, c'est très-difficile, tout simplement impossible. Dans bien des cas, il y aurait double droit à payer. Le premier pour le pays qu'on traverse; le second, plus faible il est vrai, pour la France. Ou bien, si l'on déclarait seulement le passage par voie de commissionnaires, il serait facile de constater la fraude et d'exiger les tarifs prohibitifs. On peut voir combien la dernière convention, lors de la conférence de Francfort, est peu faite dans le sens que nous indiquons, et combien la Prusse tient à conserver avec la France ses relations commerciales.

Méfions-nous d'elle; elle veut nous absorber, nous miner, nous ruiner notre vitalité; ni trêve, ni merci, à moins

que l'Allemagne ne proclame la république. Ce n'est rien
de l'avoir en France, il faut l'avoir en Europe; il faut établir la république universelle. Ce jour-là, chaque peuple
sera un département du monde, c'est-à-dire ce que Dieu
l'a créé.

CONCLUSION

———

Tels sont les moyens que nous croyons les plus pratiques pour paralyser et conjurer la crise financière; mais il faut avant tout que chacun renonce à ses opinions personnelles, et n'agisse pas seulement en vue de faire réussir son parti; laissons de côté ces idées étroites et mesquines pour nous occuper des affaires du pays.

Il y a en France trop de légitimistes, trop d'orléanistes, et même de bonapartistes, il y a trop de républicains blancs, bleus, rouges; et il n'y a pas assez de Français.

Ce qui nous a perdu et qui nous perdra irrévocablement, c'est que nous n'avons plus de patriotisme.

Prenons tous pour devise : PATRIE, LIBERTÉ, TRAVAIL; que tous ceux qui aiment leur pays se rallient à la République; mais là franchement, sans arrière-pensée, car c'est la seule forme de gouvernement qui puisse nous sauver et nous délivrer de cette affreuse anarchie qui fera périr la France [1]. Nous

———

[1] Parmi les excès regrettables de la Commune, nous déplorons la démolition de l'hôtel de M. Thiers, et surtout la destruction de la colonne Vendôme. On aurait pu, sans inconvénient, supprimer le Napoléon déguisé en Empereur Romain, et le remplacer par le Génie de la France, de la République ou de la Liberté.

Évidemment ce ne sont point des Français qui ont commis ce dernier acte de vandalisme.

Pour s'en convaincre, il suffit de rappeler qu'en 1814 les étrangers coalisés ont vainement tenté d'abattre ce colosse. M. Bismarck, plus roué, peut bien ne pas être étranger à ces infamies de la Commune. Le bronze de Wagram et d'Iéna l'empêchaient de dormir.

avons devant les yeux l'exemple de la Pologne et de l'Espagne. Si la France déchirée par tous les partis n'avait plus en
Europe aucune influence, l'équilibre européen serait détruit.

L'ambition prussienne s'emparerait bien vite de la Suisse,
de la Hollande, de la Belgique peut-être, et elle satisferait
son vœu le plus cher : celui de devenir puissance maritime.

Ce jour-là l'Angleterre, qui a eu la lâcheté de nous laisser
crosser de sang-froid dans la dernière guerre, ce jour-là, disons-nous, l'Angleterre serait bien vite anéantie. Il ne reste-
rait plus alors en Europe que deux puissances : la Prusse et
la Russie. Une lutte immense, colossale, surgirait, dans laquelle la Prusse serait infailliblement écrasée, parce qu'à bout
de ressources, n'ayant pas assez de cohésion pour résister au
colosse russe, tout le grand plan-Bismarck s'effondrerait d'un
seul coup.

Ainsi serait réalisée cette pensée exprimée par le premier
des Bonaparte : Dans cinquante ans l'Europe sera républicaine ou cosaque.

Faisons tous nos efforts pour qu'elle soit républicaine, car
sans cela, tout fait supposer que la prophétie du premier Napoléon se réaliscrait à notre désavantage ; or, nous ne pouvons nier l'intuition de ce grand capitaine, cette faculté qu'il
possédait à un haut degré fut toujours cause de ses succès et
lui tenait lieu de génie.